ETFs für Einsteiger

Vom Einsteiger zum Börsenspezialisten in nur 14 Tagen - Wie Sie souverän in Indexfonds investieren, langfristig passives Einkommen aufbauen und Finanzielle Freiheit erlangen

Martin Boyle

ISBN – 9798670162333

Inhaltsverzeichnis

Disclaimer

Dieses Buch dient als Grundlage für eine Recherche oder Beratung zum Thema „Investieren in ETFs". Es stehlt keine abschließende, eigenständige Beratung dar. Es liefert nicht alles Wissen, das für ein erfolgreiches Investment benötigt wird. Es gibt dir jedoch eine Basis, von der aus du dich mehr auf eine solche Investition vorbereiten kannst.

Weiterhin wird darauf hingewiesen, dass dieses Buch keinen Versuch darstellt, irgendjemand von einer Investition in Aktien bzw. ETFs zu überzeugen. Wenn du investieren möchtest, dann ist das dein eigener Entschluss. Es wird darüber hinaus ausdrücklich darauf hingewiesen, dass jede Investition mit einem Risiko verbunden ist. Daher ist der Entschluss, dein Geld zum

Anlegen zu nutzen, nur nach einer ordentlichen Erwägung aller Umstände zu fassen.

Über den Autor

Das vorliegende Buch wurde von Prof. Dr. Ina Konkowski geschrieben. Konkowski begann ihr Leben in Deutschland und studierte hier Wirtschaftsrecht. Danach ging sie in die USA und promovierte dort in Economy.

Schon während des Studiums begann Konkowski, in Aktien zu investieren. Danach arbeitete sie in mehreren Fondsgesellschaften in den USA. Mit ihrer Erfahrung und ihrem akademischen Hintergrund wurde ihr eine Position an einer namhaften amerikanischen Universität angeboten.

Als Professor legt Konkowski einen großen Wert darauf, ihren Studenten einen Einblick in die Arbeitsweisen und Möglichkeiten des Aktienmarktes zu geben. Inzwischen ist sie verheiratet und sie hat sich weitestgehend aus ihrem Arbeitsleben zurückgezogen und konzentriert sich auf ihre Familie. Sie ist unterrichtet weiterhin in Teilzeit an der Uni und sie schreibt Bücher zum Thema Aktienmarkt.

Mit diesem Buch verbindet Konkowski das Anliegen, allen Investoren die besten Chancen am Aktienmarkt zu geben. Sie hat das Aufkommen von ETFs vorhergesagt und sich ständig für sie als Anlage eingesetzt. In ihren Augen bieten sie die sicherste Investition mit zugleich der größten Nettorendite.

Einleitung

Der Aktienmarkt ist nach wie vor die beste Anlageform, um sich ein Vermögen oder ein Einkommen aufzubauen. Diese Aussage steht, doch viele Anleger haben ihr Vertrauen in den Aktienmarkt verloren. Woran liegt das? Die erste Antwort ist ganz schnell gefunden. Es liegt an der Coronakrise und dem damit verbundenen Einbruch am Aktienmarkt

Diese Lehre aus der Coronakrise scheint so überdeutlich klar zu sein und sich in unser Bewusstsein einzupressen. Das ist jedoch der absolut falsche Schluss, der aus der Krise gezogen werden kann. Wenn die Krise eines bewiesen hat, dann, dass der Aktienmarkt die absolut beste Anlageform ist. Das hat sich aber nicht nur bei der aktuellen Krise gezeigt, sondern immer wieder von verschiedenen Krisen in der Vergangenheit ablesen lassen.

Corona hat nur wiederholt, was sich so oft schon vorher gezeigt hat. Aktien nehmen die Erschütterungen der Märkte auf, denn sie spiegeln sie wider. Danach aber nehmen sie auch die Erholung mit und schon nach einer relativ kurzen Zeit ist alles wieder beim Alten. Dann dauert es nicht lange und die Höchstwerte vor der Krise werden überschritten und dann sind die Anleger wieder in der Gewinnzone.

Der beste und sicherste Weg, in den Aktienmarkt zu investieren, ist der Einstieg in einen ETF. Damit investierst du nicht in ein einziges Unternehmen, sondern in einen Markt. Wo einzelne Unternehmen schwächeln und sogar bankrottgehen können, da kennen Märkte nur den Trend nach oben.

Trends wiederum sind nicht einfach nur kurzfristige Entwicklungen. Trends zeigen sich über einen langen Zeitraum. Nehmen wir ein Jahr. Wenn ein Markt in den ersten 6 Monaten um 2000 Punkte ansteigt, dann einen kurzen Rückschlag erlebt und dann um 1000 Punkte fällt, ist er immer noch insgesamt gestiegen. Er befindet sich nämlich auch am tiefsten Moment im Rückschlag noch 1000 Punkte über den Jahresbeginn. Wenn er dann in der zweiten Hälfte des Jahres um weitere 2000 Punkte ansteigt, dann hat er für das ganze Jahr 3000 Punkte gut gemacht. Das ist ein Trend. ETFs arbeiten mit Märkten und Märkte arbeiten mit Trends.

In Aktien zu investieren, das bedeutet, Trends mitzunehmen. Trends wiederum werden in ETFs abgebildet. Damit sind ETFs die sichersten Anlageformen und zugleich, nicht zuletzt auch aufgrund der Sicherheit, die Anlageform mit der größten Nettorendite.

Auf den nachfolgenden Seiten wirst du alles zum Thema ETFs lernen, was du wissen musst, um diese Marktmechanik zu verstehen. Dann kannst du dir deine eigene Meinung zu diesem Thema bilden und für dich entscheiden, ob und wie genau du in den Markt über ETFs einsteigen möchtest.

Ein Vermögen oder ein Einkommen aufbauen

Am Anfang einer jeden Anlage steht ein Ziel. Wenn du dein Ziel kennst, kannst du deine Anlageform danach ausrichten. Wenn du dein Ziel dagegen nicht kennst, dann springst du von Anlage zu Anlage oder von Form zu Form und erreichst gar nichts. Wenn du nicht springst, dann erreichst du etwas, aber vielleicht nicht das, was du dir vorgestellt hast. Um erfolgreich zu sein, brauchst du klare Vorstellungen, ein Ziel, dass dir die Richtung weit.

Du möchtest ein Vermögen bzw. ein Einkommen aufbauen. Dafür gibt es nur darauf bezogen drei Möglichkeiten:

- Ein Vermögen aufzubauen

- Ein Einkommen aufzubauen
- Ein Vermögen aufzubauen, das ein Einkommen liefern soll

Von diesen drei Möglichkeiten führen dich zwei direkt über das Vermögen, nämlich der einfache Aufbau eines Vermögens bzw. der Aufbau eines Vermögens, um daraus ein Einkommen zu gewinnen. Darum widmen wir uns als erstes dem Vermögen.

Ein Vermögen aufbauen

Ein Vermögen aufzubauen, geschieht nach einem einfachen Prinzip. Als erstes brauchst du ein Einkommen und als zweites musst du aus diesem Einkommen dein Vermögen generieren. Das Einkommen kann einfach deine Arbeit sein, aus der du ein Gehalt beziehst. Du kannst dein Einkommen auch aus selbstständiger Arbeit beziehen und das damit verdiente Geld nutzen. Dein

Einkommen kann aber auch aus einer Einmalsumme bestehen, die du erhalten hast. Das ist zum Beispiel eine Erbschaft oder ein Lottogewinn. So oder so, du brauchst Geld, aus dem du dann dein Vermögen aufbauen kannst.

Nehmen wir an, dass du über ein Einkommen aus einem Beruf oder einer selbstständigen Arbeit verfügst. Dieses Einkommen unterteilst du nun in verschiedene Bereiche. Der erste Bereich sind alle deine Kosten, um die du nicht herumkommst. Das sind deine Miete, deine Strom- und Wasserkosten, dein Essen und deine Kleidung. Der nächste Bereich ist dein Leben, das du damit lebenswert machst. Das ist ausgehen, ein Hobby, ein Urlaub und dergleichen. Der dritte Teil, das ist die Grundlage deines Vermögens.

Der dritte Teil deines Einkommens sollte mindestens 10, besser noch 20, Prozent dessen ausmachen, was du monatlich erhältst. Dieses Geld kommt auf deine Bank.

Dann kannst du damit arbeiten und dein Vermögen aufbauen.

Der Aufbau sieht dann so aus, dass du eine Investition findest, in der du eine monatliche Summe einbringen kannst. Nun bieten die Banken Tages- oder Festgeldkosten. Momentan sind diese jedoch wenig attraktiv. Das liegt einfach daran, dass der damit verbundene Zinssatz sehr niedrig ist.

Wenn du Geld auf deinem Konto ansammelst, dann sammelst du dort nicht nur eine Rücklage und damit ein wenig Sicherheit an. Du sammelst dort auch Probleme. Diese bestehen darin, dass du für dieses Geld hart gearbeitet hast, du möchtest dieses Geld nicht einfach so verschwinden sehen. Nun stellst du dir bestimmt die Frage, wie Geld auf deinem Konto einfach so verschwinden kann. Das geht jedoch einfacher, als du denkst und das auch noch völlig egal und staatlich gelenkt. Nein, es sind nicht die Steuer, es ist die Inflation.

Die Inflation entwertet das Geld, das du sparst. Sie nimmt ihm nicht die Zahlen, doch sie nimmt ihm die Kaufkraft. Wenn du heute 1000 Euro auf dem Konto hast und an der Tankstelle 1 Euro pro Hotdog bezahlst, dann kannst du damit 1000 Hotdogs kaufen. Nun kommt die Inflation dazu. Die Tankstelle muss mehr Pachtgebühren bezahlen, bezahlt mehr für den Sprit und die Zulieferer, und schon geht der Preis für die Hotdogs nach oben. Dann bezahlst du 1,10 Euro pro Hotdog. Auf einen Hotdog gerechnet, ist das nicht viel. Doch auf dein gesamtes Geld gerechnet, bekommst du nun nur noch 909 Hotdogs. Dein Geld, das noch immer 1000 Euro beträgt, kann nun 91 Hotdogs weniger als zuvor kaufen. Das ist die Wirkung der Inflation.

Das Geld, das du durch eine Erbschaft bzw. einem Lottogewinn bekommen hast, verhält sich genauso. Auf dem Konto wird es langsam entwertet, indem seine Kaufkraft ständig abnimmt. Die Zinsen, die du von der Bank erhältst, reichen nicht, um dies auszugleichen.

Damit dein Geld nicht einfach verschwindet, musst du es anlegen. Du steckst nun das, was du von deinem Einkommen sparen kannst oder als Erbschaft bzw. Gewinn bekommen hast, in eine Investition. Dort kann dein Geld einen Gewinn erwirtschaften, der die Inflation übersteigt und deine Geldmenge ordentlich ansteigen lässt.

Um ein Vermögen aufzubauen, gehst du mit dem Gewinn sehr einfach vor. Du nimmst ihn nicht heraus, sondern du steckst ihn zurück in deine Investition. Auf diese Weise erhältst du den sogenannten Zinseszinseffekt. Das heißt, dein Geld mach Zinsen und die Zinsen machen erneut Zinsen. Das bringt dir schnell ein ordentliches Vermögen und sorgt dafür, dass es immer schneller in seiner Menge ansteigt.

Ein Einkommen aufbauen

Ein Einkommen verwendet als Grundlage in Vermögen. Dein Geld macht nur eine bestimmte und dabei nicht allzu große Menge Profit. Dieser Profit kann dann dein Einkommen bilden. Dabei gibt es verschiedene Arten von Profit.

Ein Vermögen kann einfach auf der Bank liegen und Zinsen erhalten. Die Zinsen sind dann dein Einkommen. Das Problem ist jedoch, dass die Zinsen nicht einmal ausreichen, die Inflation auszugleichen. Ein Einkommen und dein Vermögen werden dann gleichermaßen durch die Inflation in ihrer Kaufkraft gemindert.

Das Vermögen kann auf andere Weise ein Einkommen erbringen. So kann es in Immobilien, Aktien oder Fonds gesteckt werden. Immobilien bringen Mieter, doch damit sind eigene Risiken verbunden. Aktien und Fonds bringen einen steigenden Wert und dazu noch Dividenden der Unternehmen. Das Einkommen kann dann bei den Immobilien aus der Miete bestehen. Bei Aktien und Fonds können dann mit dem steigenden Wert Anteile verkauft werden. Der Verkaufserlös ist dann das Einkommen. Darüber hinaus liefern die Dividenden ein Einkommen.

Für das Einkommen gibt es dann eine grundsätzliche Frage. Möchtest du alle Profite als Einkommen abziehen? Das klingt natürlich verlockend, da so die Einkommenshöhe das Maximum erreicht. Leider aber heißt das auch, dass die Inflation ihre Arbeit verrichten kann und das Einkommen nicht mehr ansteigt.

Alternativ kannst du das Einkommen aus dem Gewinn niedriger ansetzen, damit ein Teil des Profites wieder zurück in das Vermögen wandert. Dann steigt dieses und damit auch die Gewinne und damit das mögliche Einkommen, das daraus bezogen werden kann. Damit kannst du wieder der Inflation entkommen und sowohl dein Vermögen, als auch dein Einkommen steigern.

Die Börse – eine grundsolide Investition

Da sind wir wieder bei der Frage, ob die Börse überhaupt als Anlage geeignet ist. Gerade Corona hat doch wieder einmal gezeigt, wie anfällig die Kurse sind. Doch das Ganze sieht genau andersherum aus. Corona hat wieder einmal gezeigt, wie viel Verlass auf die Märkte ist.

Aktien sind krisensicher

Wie viele Krisen haben wir nicht schon erlebt. Da war die Finanzkrise, Banken gingen Pleite, der Immobilienmarkt brach ein, dann ist da die Eurokrise und, und, und. Wenn wir uns die Entwicklung weltweit ansehen, dann gibt es doch immer irgendwo eine Krise.

Da ist die USA mit ihren Skandalen und dem Einbruch ihrer Märkte, da sind ganze Länder in der Eurozone, die bankrottgehen und da ist der Brexit. Überall und ständig kriselt ist.

Hast du mal einen Blick auf die Aktienmärkte geworfen? Schau dir mal den DAX an. Mit all den Krisen vor Corona hat er es doch glatt geschafft, sich von 1995 bis Anfang 2020 ständig nach oben zu entwickeln. Tatsächlich betrug er kurz vor dem Crash mit Corona den sechsfachen Wert, den er 1995 zeigte. Klingt das so, als ob Krisen den Aktien etwas anhaben könnten.

Hättest du 1995 eine Möglichkeit gehabt, direkt in den DAX, den deutschen Aktienindex, zu investieren, hättest du aus 1000 Euro bis Corona mal eben 6000 Euro gemacht. Das aber bezieht sich nur auf die Steigerung des Aktienwertes. Dazu kommen dann noch Dividenden, die dir nochmal ein paar Euros mehr beschert hätten.

Dann kam Corona. Die Märkte brachen ein. Alles war verloren. Die Investoren flüchteten sich aus ihren Positionen und die Aktien fielen ins Bodenlose. Richtig? FALSCH!!! Erstens vielen die Aktien nicht ins Bodenlose. Sie sanken nie unter den Wert von 2000. Damit hättest du gegenüber 1995 also immer noch einen Profit gemacht. Aber das ist nicht alles.

Hast du dir die Aktien heute angesehen? Kannst du ihren Weg beschreiben? Dafür brauchst nur zwei Worte: NACH OBEN. Ja, das stimmt, die Aktien gehen einfach nur nach oben. Sicher, es gibt Gewinner und Verlierer. Sicher, es geht einmal hoch und einmal runter, doch das ist nicht der Trend. Der Trend zeigt sich an den Indizes und die steigen. Wir sind schon wieder fast soweit, die Höchstzahlen vor Corona zu erreichen.

Die Zahlen

Schau dir nur die Zahlen für den DAX an. Der deutsche Aktien Index zeigt den Zustand der gesamten Wirtschaft in Deutschland an. An ihm kannst du ablesen, wie sicher Aktien insgesamt sind:

Datum	Ereignis	Schlusskurs
30.07.2020	Stand während Corona	12,310.93
14.04.2020	Stand während Corona	10.696,60
26.03.2020	Stand während Corona	10.001,00
18.03.2020	Tiefststand in Corona	8.441,71
17.02.2020	Höchststand vor Corona	13.783,90

Es gab einen Einbruch und das lässt sich nicht abstreiten, doch das bedeutet nichts weiter, als einen temporären Rückschlag. Inzwischen ist geht der DAX wieder mit großen Schritten auf seinen Höchststand vor Corona zu und wird ihn bald erreicht haben.

Wieso gab es dann den Einbruch? Ganz einfach. Die meisten Fonds auf dem Markt, insbesondere ETFs, werden von Computern kontrolliert. Ihnen werden einfache Befehle eingeben. Damit achten sie auf die Kurse und reagieren automatisch, sobald sich diese oder jene Entwicklung abzeichnet.

Als das Coronavirus anfing, Schlagzeilen zu machen, hat es die Anleger verunsichert. Als dann die ersten Auswirkungen auf die Wirtschaft begannen, sich abzuzeichnen, kam es zu einem Moment der Panik. Einige Anleger verkauften. Mehr und mehr Aktien wurden auf den Markt geworfen und die Preise vielen.

Die Fonds, die von Computern gesteuert wurden, taten, was ihnen einprogrammiert wurde. Sobald der Wert unter eine bestimmte Grenze fiel, verkauften sie. Sie warfen so noch einmal eine Menge mehr Aktien auf den Markt, was die Preise noch mehr drückte. Das wiederum veranlasste andere Investoren, zu verkaufen, und schon kam es zu einer Abwärtsspirale.

Während so die Aktienpreise sanken, haben vorausschauende Investoren zugeschlagen. Anstatt zu verkaufen, haben diese gekauft. Warum? Weil sie wissen, dass es immer am Ende nur noch nach oben geht. Wenn die Preise so niedrig sind, verkauft man nicht, man kauft. Genau das haben die vorausschauenden Investoren getan und damit ordentlich verdient.

Inzwischen geht es wieder aufwärts. Das liegt zum einen an denen, die einfach weiterhin ihre Aktien gehalten und sogar nachgekauft haben und zum anderen an der Situation insgesamt. Das befürchtete Ende der Wirtschaft bliebt aus und das ist gerade bei Corona nicht überraschend.

Wenn es ein Erdbeben, ein Hurrikan oder einen Tsunami gibt, dann werden die Infrastruktur und Produktionseinrichtungen zerstört. Unternehmen geraten in Schwierigkeiten, weil die Zulieferketten nicht mehr arbeiten. Entweder sind die Unternehmen selbst betroffen, indem die Fabriken beschädigt oder zerstört wurden, oder die Straßen und Eisenbahnen wurden in Mitleidenschaft gezogen. Dann können Lieferungen nicht mehr ans Ziel gelangen und es dauert eine Weile, bis alles wieder funktioniert. Übrigens geht es auch in so einem Fall bald wieder nach oben, es dauert nur ein wenig länger.

Bei Corona blieben all dies Zerstörungen jedoch aus. Die Unternehmen werden von der Regierung gestützt, die Straßen und die Bahnen blieben uns ebenso erhalten, wie die Fabriken. Die Wirtschaft ist nur teilweise auf Eis gelegt und wird bald wieder so weitermachen, wie bisher.

Die Aktien und die Krisen

Krisen kommen und gehen, doch die Unternehmen bleiben. Mit den Unternehmen bleiben auch die Aktien und mit den Aktien bleiben auch die Märkte. Es mag Verwerfungen geben, doch am Ende spielt sich alles wieder ein und die Werte gehen nach oben.

Wenn es irgendwelche Lehren aus der Coronakrise gibt, dann die, dass Aktien immer wieder die Krisen überstehen. Darüber hinaus ist es gut, seinen Aktienbesitz zu streuen, denn einzelne Unternehmen können auf der Strecke bleiben, während sich die Märkte insgesamt jedoch immer wieder erholen.

Jetzt befinden sich die Märkte in der Erholungsphase. Jetzt ist der Moment, einzusteigen. Der Moment ist sogar fast schon wieder vorüber, doch auch dann, wenn die alten Höchstwerte erreicht sind, solltest du nicht abwarten. Der Markt wird einfach treu weiter nach oben gehen und du kannst nur daran verdienen, wenn du einsteigst.

Alle Krisen vor Corona haben genau das Gleiche gezeigt. Es kommt zu Einbrüchen und dann ging es wieder aufwärts. Wenn wir uns die letzten 120 Jahre ansehen, dann gab es insgesamt 6 richtig große Crashs. Ein solcher liegt vor, wenn der Einbruch bei mindestens 45 Prozentpunkten lag. Jedes Mal dauerte es nur 24 Monate oder weniger, um wieder auf 75% des Wertes vor dem jeweiligen Crash zu kommen. Insgesamt dauerte es jeweils nur 5 Jahre, um auf 140% des Wertes vor dem Crash zu gelangen.

Es hat sich also mit Corona einfach nur erneut gezeigt, dass der Aktienmarkt resilient ist und auch einen Crash relativ leicht übersteht. Wenn du mit dem Trend handelst und deine Positionen streust, das heißt, möglichst viele verschiedene Aktien hältst, hast du eigentlich nichts zu befürchten.

Was ist ein ETF

Ein ETF ist der einfachste und sicherste Weg, in den Aktienmarkt einzusteigen. Wie du schon gesehen hast, sind Aktien sicher. Worauf es ankommt, ist, nicht in ein einzelnes Unternehmen zu investieren, sondern den Aktienbesitz zu streuen. ETFs bringen dir eine Menge verschiedener Aktien, wenn du nur in einen davon einsteigst und das geht auch noch sehr günstig.

Ein ETF ist ein Fonds, genauer ein Exchange Traded Fonds (ETF). Er wird von einer Fondsgesellschaft herausgegeben, doch er unterscheidet sich von den aktiven Investmentfonds, die sonst in Aktien investieren. So zielt ein Investmentfonds darauf ab, eine möglichst hohe Rendite zu erreichen. Ein ETF dagegen möchte eine möglichst sichere Rendite. Dadurch gibt er sich mit der

Rendite eines Marktes zufrieden und bildet diesen ab. Das führt dazu, dass er sich sehr viel leichter managen lässt.

Das vereinfachte Management zahlt sich für dich aus. So hat ein ETF deutlich geringere Kosten gegenüber einem aktiven Investmentfonds. Letztere verlangen von dir 5% der Investitionssumme als Gebühr, dazu 1,5% im Jahr und noch einmal 20% der Rendite. Ein ETF dagegen verlangt meistens nur 0,25% für den Einstieg und danach 0,1 bis 0,5% im Jahr.

Ein Investmentfonds kann prinzipiell in alle Aktien des Marktes investieren, doch oft genug spezialisiert er sich auf nur einen Bereich. Ein ETF dagegen investiert nicht einfach so herum. Ein ETF nimmt sich einen Börsenindex. Diesen bildet der ETF ab, indem der die gleichen Aktien mit der gleichen Gewichtung kauft.

Wenn du nun siehst, dass der DAX rasch ansteigt, und du möchtest davon profitieren, hast du die Wahl. Du kannst einfach die Aktien kaufen, wie sie in dem DAX enthalten sind. Das heißt, du siehst dir an, welche Aktien in dem DAX eingerechnet werden und kaufst danach die Aktien der gleichen Unternehmen.

Die Alternative ist, in einen ETF einzusteigen, der den DAX abbildet. Dann kannst du mit relativ kleinem Geld die gleichen Positionen bekommen. Du nimmst die Marktentwicklung mit, doch du musst nicht selbst die Aktien kaufen und verwalten.

Die Indizes

Um einen ETF zu verstehen, müssen wir uns zuerst die Indizes anschauen. Indizes ist Plural für Index. Der DAX, der deutsche Aktienindex, gehört zu den Indizes. Diese wurden von den Börsen entwickelt, um die Trends auf den Märkten dazustellen. Damit lässt sich auf einen Blick feststellen, ob sich eine Wirtschaft oder ein Wirtschaftsbereich positiv oder negativ entwickelt.

Wenn du dir die Aktien eines Unternehmens ansiehst, dann siehst du meist nur eine Kurve in einem Diagramm mit wilden Ausschlägen. Daran lässt sich mitunter schon der Zustand des einen Unternehmens selbst nur schwer ablesen. Wenn wir nun einen Markt anschauen wollten, müssten wir entscheiden, welche Unternehmen ihn repräsentieren und diese Kurse zusammenlegen. Das ist jedoch eine mühsame Arbeit, die die Börsen uns mit den Indizes abgenommen haben.

Die Börsen wählen die wichtigsten Unternehmen einer Branche oder eines Marktes aus und legen deren Aktienwert zusammen. Diesen gemeinsamen Wert bilden sie dann in einer Kurve als Index für die Entwicklung des Marktes ab. Wenn zum Beispiel der DAX nach oben geht, dann weißt du, dass die deutsche Wirtschaft wächst. Du weißt jedoch nicht, ob ein bestimmtes Unternehmen sich verbessert oder nicht. Dafür musst du noch immer die Kurse der Aktie dieses Unternehmens aufrufen.

Die wichtigsten Indizes zeigen die Wirtschaft eines ganzen Landes. Deshalb werden sie auch als Leitindizes bezeichnet. Mit einem solchen Index und dem ihn abbildenden ETF kannst du also in die Wirtschaft eines ganzen Landes investieren.

Neben Indizes für einzelne Länder gibt es auch Indizes für Branchen, für Regionen und sogar für die ganze Welt. Du kannst also über die entsprechenden ETFs in die Metallindustrie, in die deutsche Industrie, die europäische Wirtschaft oder die Wirtschaft weltweit investieren. Das eröffnet dir eine Menge Möglichkeiten.

Das Wichtigste an einem solchen Index ist, dass es dabei nicht mehr um individuelle Unternehmen geht. Auf dem Aktienmarkt gilt die Streuung der Investition als das wichtigste Mittel, um einen Verlust zu vermeiden. Die Indizes machen dies vor und leben dieses Prinzip aus.

Ein Index entwickelt sich oftmals nach oben, während sich einige der in ihm enthaltenen Unternehmen nach unten entwickeln. Diese schwächelnden Aktien müssen dich aber nicht beunruhigen, da du ja insgesamt gewinnst. Das macht die Investition in ETFs zu einer der sichersten Anlagen.

Selbst dann, wenn der ganze Markt einmal einbricht, erholt er sich wieder. Mit einem ETF hast du dann immer die Aktien der Gewinner in deinem Portfolio. Du musst nichts nachjustieren und optimieren. Anstatt das beste Ergebnis zu erreichen, versuchst du nur, das sicherste Ergebnis zu bekommen.

Die verschiedenen Arten von ETFs

ETFs sind Fonds, die einen Index nachbilden. Das klingt sehr einfach und unkompliziert und sollte eigentlich keine verschiedenen Arten hervorbringen. Die Realität sieht jedoch ein wenig anders aus. Die Fondsgesellschaften, die die ETFs herausgeben, versuchen, sich von ihrer Konkurrenz abzuheben. Das hat mit der Zeit dafür gesorgt, dass sich verschiedene Arten von ETFs entwickelt haben.

Physische ETFs

Physische ETFs bauen die Indizes ganz direkt nach. Die herausgebende Gesellschaft sucht sich einen Index heraus und ihr ETF bildet diesen nach, indem die Aktien gekauft werden, die auch im Referenzindex enthalten sind. Die Anzahl der gehaltenen Aktien ändert sich dabei mit der Zeit, doch das Verhältnis der einzelnen Positionen zueinander bleibt gleich.

Mitunter geschieht es, dass der Index sich ändert. So werden schwächelnde Unternehmen herausgenommen und durch neue Unternehmen ersetzt, die den jeweiligen Markt besser repräsentieren. Der physische ETF wird dann die Aktien des schwächelnden Unternehmens abstoßen und dann durch die Aktien des neuen Unternehmens ersetzt. Das geschieht automatisch.

Ein physischer ETF ist dank seiner direkten Vorgehensweise relativ einfach zu verstehen. Damit ist er eine sehr transparente Anlage. Du weißt, worin du dein Geld investierst und wie sich die Zukunft entwickelt. Indem du einfach nur ein Auge auf den Referenzindex hast, kannst du die Entwicklung in deinem ETF nachverfolgen. Ein physischer ETF ist also genau das richtige für dich, wenn du möglichst viel Transparenz möchtest.

Physische Optimized Sampling ETFs

Es gibt jedoch eine Untergruppe der physischen ETFs, die sich nicht mehr so ganz durchschauen lässt. Hier werden, wie bei jedem anderen ETF auch, noch immer die Aktien direkt gekauft. Sie unterscheiden sich jedoch ein wenig von dem Index.

Ein Optimized Sampling ETF versucht, die Idee eines Investmentfonds mit der Idee eines ETFs zu vereinen. Es wird noch immer der Index nachgebildet, doch das geschieht nicht mehr 1 zu 1. Ein Investmentfonds versucht, eine hohe Rendite zu erreichen, indem die Aktien der Unternehmen gekauft, werden, die die meisten Profite machen. Ein Optimized Sampling ETF versucht das Gleiche im Rahmen eines Fonds.

Ein solcher ETF wird nun nicht einfach den Index kopieren. Es werden zwar die gleichen Positionen angelegt, wie sie auch im Index enthalten sind, doch bestimmten Unternehmen wird ein Vorzug eingeräumt. Das sind die Unternehmen im Index, die eine bessere Entwicklung als andere Unternehmen versprechen. Der Anteil der Aktien solcher vielversprechenden Unternehmen wird nun auf Kosten der anderen Unternehmen erhöht.

Ein ETF, der nach dem Prinzip des Optimized Samplings arbeitet, möchte einen Vorteil gegenüber anderen ETFs erreichen, indem er eine bessere Rendite verspricht. Er bedient sich aber nicht nur der Vorteile eines Investmentfonds, er kommt auch mit dessen Nachteilen. Diese bestehen darin, dass du höhere Kosten hast und ein höheres Risiko trägst. Das Risiko ergibt sich daraus, dass ein Unternehmen, das bevorzugt wird, auch schwächeln kann. Dann hast du nicht nur einen durchschnittlichen Ausfall, sondern einen überdurchschnittlichen. Ein Optimized Sampling ETF ist genau dann richtig für dich, wenn du etwas mehr Gewinn möchtest und bereit bist, ein etwas höheres Risiko dafür einzugehen.

Synthetische ETFs

Ein synthetischer ETF arbeitet nicht direkt mit den Aktien, sondern mit einer Bank. Die Aktien liegen bei der Bank, was für den ETF eine Ersparnis bringt. Er muss die Aktien nicht kaufen und halten. Er verdient jedoch an den Aktien, indem die Bank ihm eine bestimmte Wertentwicklung garantiert. Damit ist ein synthetischer ETF sehr sicher.

Umgedreht kann er aber nicht dir größten Gewinne machen, denn wenn die Wertentwicklung das garantierte Maß übersteigt, streicht die Bank den Profit ein. Der Vorteil liegt jedoch darin, dass die Bank die Arbeit hat und das Risiko trägt, da sie ja den Gewinn garantiert. Ein synthetischer ETF ist demnach genau dann das richtige für dich, wenn du mehr Sicherheit möchtest.

Ausschüttende ETFs

Ein ausschüttender ETF kann sowohl physisch als auch synthetisch sein, 1 zu 1 abbildend oder nach dem Optimized Sampling Prinzip arbeiten. Das hat keinen Einfluss darauf, ob er ausschüttet oder nicht.

Wenn du eine Aktie besitzt, dann hast bist du berechtigt, einen Anteil der Dividenden zu erhalten, die von den Unternehmen ausgeschüttet werden. Ein ETF hält Aktien. Damit bekommt er auch die Dividenden der Unternehmen ausgezahlt.

Ein ausschüttender ETF nimmt die Dividendenzahlungen und gibt diese an die Anleger weiter. Diese geschieht im Verhältnis zu deren Investition. Hältst du mehr Anteile an dem ETF, dann bekommst du auch mehr Anteile an den Dividenden.

Möchtest du dir ein Einkommen aufbauen, dann sind die Dividendenzahlungen für dich wichtig. Aus diesem Grunde ist ein ausschüttender ETF das Richtige für dich. Du kannst die Dividenden nun als dein Einkommen einstreichen oder sie reinvestieren. Das liegt bei dir.

Wiederanlegende Fonds

Auch für die wiederanlegende Fonds ist es gleich, ob der Fonts physisch oder synthetisch, 1 zu 1 oder nach dem Optimized Sampling Prinzip arbeitet. Es kommt darauf an, wie er mit den Dividenden umgeht. Im Gegenzug zum ausschüttenden ETF legt ein wiederanlegender ETF die Dividenden direkt wieder an.

Die Dividenden werden dir erst einmal gutgeschrieben, doch nicht ausgezahlt. Damit werden für dich direkt weitere Anteile an dem ETF gekauft. Das steigert den Wert des ETFs und erlaubt es ihm, seine Positionen auszubauen. Für dich heißt das, dass deine Anteile an diesem ETF vergrößert werden und auch zugleich mehr wert sind.

Wenn du ein Vermögen aufbauen willst, dann ist ein wiederanlegender ETF dein Weg dazu. Du nimmst den Zinseszinseffekt mit, denn den Profit, den du in Form der Dividenden erhältst, wird gleich für dich investiert. Damit baust du dir mit zunehmendem Tempo dein Vermögen auf.

Am Anfang, wenn du mit monatlichen Zahlungen aus deinem Einkommen arbeitest, werden diese Zahlungen den größten Teil des Aufbaus ausmachen. Mit der Zeit wird deren Bedeutung relativ zu dem Profit aus dem Vermögen für den weiteren Aufbau abnehmen. Nach ein paar Jahren wirst du mit deinem Vermögen und dessen Gewinn mehr neues Vermögen aufbauen, als mit deinen monatlichen Zahlungen. Nach einigen weiteren Jahren werden deine monatlichen Zahlungen kaum noch ins Gewicht fallen.

So entstehen ETFs und so sicher sind sie

Ein ETF wird von einer Fondsgesellschaft oder aber einer Bank aufgelegt. Der Fonds selbst kann dabei mit der Zeit mehrere Besitzer haben. Die Gesellschaften und Banken, die sie herausgeben, investieren dabei in ihre eigenen ETFs und in die von anderen Herausgebern. Die Banken und die Gesellschaften können dabei oftmals auch von anderen Banken und Gesellschaften übernommen werden.

Wenn du dir einen ETF anschaust, ist es mitunter schwer, nachzuverfolgen, wer ihn herausgegeben hat und wer danach die Besitzer waren. Das sorgt mitunter für eine etwas eingetrübte Transparenz, doch das hat keine Auswirkungen auf die Sicherheit.

Was einen ETF sicher macht, sind nicht seine Besitzer, sondern die eigene Arbeitsweise. So investieren ETFs nicht einfach in irgendwelche Unternehmen, sondern in ganze Märkte. Während Unternehmen bankrottgehen können, entwickeln sich Märkte über die Jahre betrachtet immer nur nach oben. Das heißt, wenn du lange genug in einem ETF bleibst, ist dein Gewinn so gut wie vorprogrammiert.

Deine Anteile an einem Fonds wiederum sind aus rechtlicher Sicht sogenannte Sondervermögen. Das heißt, auch dann, wenn der Anbieter eines ETF insolvent wird, bleiben die Anteile an dem ETF bestehen. Der Anbieter des ETFs kann nicht das Fondsvermögen nutzen, um die Gläubiger zu bedienen. Der ETF gehört also nicht zur Konkursmasse. Was nun geschieht, ist im Grunde genommen ganz einfach.

Wenn du Aktien kaufst, nimmst du diese keinesfalls als Papier in die Hand. Sie werden für dich in einem Depot aufbewahrt. Die Depots befinden sich bei Händler oder Banken. Das Gleiche gilt für deinen ETF. Die Aktien, die er kauft und hält, befinden sich nicht bei ihm oder der Fondsgesellschaft, sondern einer Bank. Wenn nun der ETF in die Insolvenz geht, dann übernimmt die Bank die Aktien und tritt in die Position der Herausgebergesellschaft ein. Sie führt also den ETF weiter. Die Bank kann den ETF erst abgeben, wenn ein anderer ETF-Anbieter ihn übernimmt.

Sollte es dagegen geschehen, dass nicht der Anbieter, sondern die Depotbank in die Insolvenz geht, dann müssen die Anteile einer anderen Bank übergeben werden. Du wirst das wahrscheinlich nicht einmal merken und auch für den Anbieter des ETFs wird sich nichts ändern.

Wenn nun deine Bank oder dein Händler in die Insolvenz geht, über den du die Anteile deines ETFs gekauft hast, hat das auch keine Auswirkungen. Eine andere Bank bzw. ein anderer Händler übernehmen nun das Depot und führen deine Aktien für dich weiter.

Du kannst die ETFs aus jedem Blickwinkel betrachten, doch am Ende bleibt nur eine Feststellung: Sie sind verdammt sicher. Das ist es, worauf es vielen Anlegern ankommt. Darüber hinaus bekommst du eine gute Nettorendite und was das wirklich bedeutet, wirst du gleich im nächsten Kapitel sehen.

Diese Kosten entstehen dir bei einer Investition in einen ETF

Eine Investition in einen ETF ist mit Kosten verbunden. Die Gebühren, die dabei auf dich warten, wurden hier schon angesprochen. Wenn du dir einen ETF in einer Broschüre oder im Internet ansiehst, werden die Kosten aufgeführt. Diese musst du jedoch erst einmal finde, verstehen und einordnen können.

Wenn du dir die Daten eines ETFs ansiehst, wirst du oftmals das Kürzel TER entdecken. Das steht für Total Expense Ratio. Das sind die Kosten, die im Laufe eines Jahres für dich als Gebühren anfallen. Sie werden in Prozente angegeben und beziehen sich auf deine Investition.

Die TER enthält jedoch nicht alle tatsächlichen Kosten, sondern nur diejenigen, die sich planen lassen. Das sind die Gebühren für das Management, für das Depot und für die Werbung. Dazu kommen die Mehrwertsteuer und weitere, kleine Gebührenpunkte. Für einen ETF liegen diese Kosten zwischen 0,1 bis 0,5% im Jahr. Übrigens ist das die echte Stärke eines ETFs.

Ein ETF erwirtschaftet generell eine geringere Bruttorendite gegenüber einem Investmentfonds. Das sind all die Gewinne, die sich vor Abzug der Kosten ergeben. Wenn man jedoch die Kosten von dieser Bruttorendite abzieht, liegen die ETFs schnell vorn. Das liegt einfach daran, dass ein ETF so einfach zu managen ist und daher nur geringe Kosten aufweist. Damit bist du mit der Nettorendite bei den ETFs gewöhnlich besser bestellt als bei einem Investmentfonds. Natürlich können Investmentfonds manchmal auch dann noch die Nase vorn haben, doch im Gesamtbild werden sie von den ETFs geschlagen.

Zu der TER gesellen sich noch weitere Kosten, die sich nicht planen lassen. Das sind vor allem die Transaktionskosten. Diese entstehen durch die Käufe und Verkäufe der Aktien. Da sich nicht vorhersehen lässt, wie viele Aktien gekauft und verkauft werden, kann diese Zahl nicht im Vorhinein angezeigt werden. Du kannst sie dir aber für die vergangenen Jahre anzeigen lassen.

Wenn du dir die ETFs in einem Vergleichsportal ansiehst, siehst du neben der TER noch eine TD. Die TD steht für Tracking Difference. Die TD enthält alle Kosten, die in der Vergangenheit angefallen sind. Damit kannst du zwar nicht vorhersehen, wie es im nächsten Jahr mit deinem ETF aussehen wird, doch du bekommst einen

Hinweis darauf, in welchen Größenordnungen sich die Kosten bewegen.

Diese Möglichkeiten bietet dir ein ETF

Ein ETF bietet dir viele Möglichkeiten, die du bei einem anderen Investment einfach nicht bekommst. Das sind vor allem Transparenz, Streuung und Sicherheit und das alles für kleines Geld.

Die Regeln des Investments lauten, nur in das zu investieren, was du verstehen und durchschauen kannst. Ein ETF richtet sich nach einem Index. Ein Index wird offen geführt. Du kannst einsehen, welche Unternehmen enthalten sind und wie sich diese im Einzelnen und der Index insgesamt entwickeln. Das ist die ultimative Transparenz.

Ein ETF erlaubt es dir, dein Geld zu streuen. Damit kannst du von Anfang an sofort viele Positionen erhalten.

Schon ein kleiner Anteil an dem ETF eröffnet dir alle Aktien, die in diesem enthalten sind.

Die Streuung allein gibt dir schon Sicherheit, doch diese wird noch ins Extrem gesteigert. Das geht damit, dass du über einen ETF in eine ganze Branche, die Wirtschaft eines Landes, eines Kontinents oder der ganzen Welt einsteigen kannst. Dabei kannst du natürlich gleich noch in mehrere ETFs einsteigen und steigerst diese Streuung noch einmal erheblich.

Neben der Sicherheit des Investments des ETFs, ist der ETF selbst ein Sondervermögen, das selbst wiederum abgesichert ist, wie du bereits gesehen hast. Damit bist du auch gegen die typischen Fehler abgesichert, die andere Anleger machen. Diese steigen in die falschen Aktien ein, wählen den falschen Zeitpunkt, oder bleiben nicht lange genug in einer Aktie. Für dich hat das alles keine Bedeutung. Du gehst in einen ETF und hältst ihn und der Rest entwickelt sich über die Zeit einfach zu deinen Gunsten. Hab Geduld und bleib dabei, das ist die einzige Regel, auf die es ankommt.

Dein Geld investieren

Sein Geld anzulegen, das ist eine große Entscheidung. Wenn du hart dafür gearbeitet hast, dir dieses Geld zu verdienen, möchtest du es nicht einfach wieder verlieren. Im Gegenteil, du möchtest das Meiste aus ihm herausholen. Hast du dein Geld über eine Erbschaft oder einen Lottogewinn erhalten, möchtest du deine große Chance nicht einfach so aufgeben, indem du es unnützerweise riskierst. ETFs sind dein Ausweg.

Welche Anlage ist die richtige

Als erstes musst du dich informieren. Was sind deine Optionen? Welche Investitionsarten gibt es? Welche Risiken sind mit ihnen verbunden? Welche Renditen sind möglich. Wenn du das tust, musst du immer auch ein wenig auf der Hut sein.

Oftmals wirst du falsche Informationen bekommen. Wenn du zum Beispiel zu einem Finanzberater gehst, wird der dir nur selten einen ETF empfehlen. Warum? Weil ein ETF nur geringe Kosten verursacht. Damit nimmt er auch nur wenig Geld über dich ein und bezahlt dem Finanzberater nur eine kleine Kommission. Für einen Investmentfonds dagegen musst du hohe Gebühren bezahlen. Die Finanzberater bekommen dann viel davon ab, wenn sie einen neuen Investor finden. Ein solcher Berater wird dich also zu dem verleiten wollen, was ihm das Meiste bringt.

Darüber hinaus werden viele Informationen einfach gern mal verschwiegen. Wenn es um die Kosten eines Fonds geht zum Beispiel, werden nur einige der Kosten benannt, die du auch in der TER findest. Die TD jedoch, die auch die Transferkosten einbezieht, wirst du kaum zu sehen bekommen.

Weiterhin werden die Gewinne gern übertrieben. Das geht sogar ganz einfach, ohne dabei die Unwahrheit zu sagen. Anstatt dir die Nettorendite zu sagen, wird dir nur die Bruttorendite vorgehalten. Die sieht doch auch viel besser aus.

Wenn du dich jedoch richtig in die Materie einarbeitest, wirst du bald feststellen, dass es unterschiedliche Risiken und unterschiedliche Renditen gibt. Nun musst du verstehen, dass dich die Rendite für das Risiko entscheidet. Ein hohes Risiko verlangt nach einer hohen Rendite, während ein geringes Risiko mit einer geringeren Rendite auskommen kann.

Wenn du dann erkennst, dass viele andere Anlagearten ein höheres Risiko aufweisen, deren Nettorenditen aber nicht viel höher sind, wirst du dich schnell für einen ETF entscheiden. Hier bekommst du im Vergleich tatsächlich eine sehr gute Nettorendite mit einem sehr geringen Risiko.

Verstehe, worin du investierst

Bevor du dann mit der Investition beginnen kannst, musst du unbedingt verstehen, worum es sich dabei genau handelt. Nur dann kannst du auch tatsächlich das Risiko entsprechend abwägen.

An der Börse gibt es eine Reihe von Arten, wie du dein Geld anlegen kannst. Das wichtigste ist aber, dass die Aktien selbst am einfachsten zu durchschauen sind. Darum solltest du eine Anlegeform wählen, die Aktien zum Inhalt haben.

In Aktien wiederum kannst du investieren, indem du die Wertpapiere selber kaufst. Das bringt dir die größte Einsicht in das Geschehen. Du kannst aber auch jemanden anderen damit beauftragen, die Aktien zu kaufen. Damit sind wir wieder bei den Fonds.

Wenn du nun die Fonds vergleichst, dann hast du einmal die ETFs und einmal die Investmentfonds. Ein Investmentfonds ist in vielerlei Hinsicht mit einem ETF vergleichbar, da beide dem gleichen Prinzip folgen. Der Hauptunterschied ist, dass du die Regeln eines Investmentfonds für seine Investitionen nicht erfährst. Für einen ETF jedoch sind sie ganz einfach: Folge dem Referenzindex.

Für einen Investmentfonds kannst du nicht vorhersagen, was er tun wird. Für einen ETF, der zum Beispiel den DAX nachbildet, weißt du, dass er auch morgen und auch noch im nächsten Jahr den DAX nachbilden wird. Du musst dir also nur den DAX anschauen, um deinen ETF zu verstehen.

In diesem Vergleich hast du also die direkte Investition in Aktien oder in ETFs. Beides bietet dir eine sehr hohe Transparenz. Für eine eigene Investition musst du jedoch viel Zeit investieren, um die Unternehmen zu recherchieren, in die du investieren möchtest. Ein ETF dagegen braucht das nicht, da hier in einen ganzen Markt eingestiegen wird. Daher ist der ETF die beste Variante.

Du musst deine Investition streuen

Eine Grundregel des Investierens ist es, sein Geld zu streuen. Steck nicht alle Eier in einen Korb und nicht all dein Geld in eine Anlage. Je mehr Investitionen du vornimmst, desto besser. Die Idee dahinter ist ganz einfach.

Wenn du mehrere Investitionen vornimmst, kann jede einzelne davon einen Gewinn bringen, einen Verlust erleiden, gleichbleiben oder einen Totalausfall bringen.

Die Chancen, dass viele Unternehmen am Aktienmarkt einen Totalausfall erleiden, ist sehr, sehr gering. Für ein einzelnes Unternehmend dagegen ist das sehr wohl möglich, selbst wenn es sich im DAX befindet. Der Fall der Wirecard AG zeigt das im Moment sehr deutlich.

Investierst du in viele Aktien, dann steigen deine Chancen, einen Ausfall mitzunehmen. Wenn du in eine einzelne Aktie investierst, ist diese Chance geringer. Wenn dann aber der Ausfall kommt und es ist deine einzige Investition, bist du all dein Geld los. Wenn du in viele Aktien investiert hast, ist nur ein kleiner Teil deines Geldes verschwunden.

Je größer die Anzahl der Unternehmen, deren Aktien du kaufst, desto weniger fällt der einzelne Verlust ins Gewicht. Das gilt umso mehr, wenn die Aktie in ihrem Wert gleichbleibt oder aber sogar ein wenig abfällt. Dann sind die Verluste noch geringer oder es bleibt nur der

Gewinn aus. Der Teil deines Geldes, der davon betroffen ist, ist aber nur klein in Verbindung mit dem Rest, der einen Profit erwirtschaftet.

Die Grundregel des Streuens des Risikos macht also Sinn. Am Aktienmarkt, wenn wir bei der Transparenz bleiben, bringt dir das die Wahl zwischen dem direkten Kauf und einem ETF. Steigst du in den letzteren ein, kannst du je nach ETF, auf einen Schlag in hunderte von Aktien investieren.

Ein derartiges Portfolio im Alleingang aufzubauen, ist wahrlich nicht einfach. Nicht nur kostet es mehr, du brauchst auch mehr Zeit und hast mehr Aufwand damit. Du musst die Aktien selbst auswählen und deren Entwicklung individuell im Auge behalten. Das hält dich beschäftigt.

Wann sollst du investieren

Jetzt kommt die große Frage: Wann sollst du investieren? Das ist die sinnloseste Frage, die jemals an der Börse gefragt wird. Wer sich diese Frage stellt, wird nicht investieren und damit macht sie keinen Sinn.

Stell dir einmal vor, du wartest auf den besten Moment, um in Aktien einzusteigen. Was wird geschehen? Du wirst nicht wissen, wann dieser Moment kommt. Also wirst du abwarten. Du wirst ängstlich. Du hast den einen oder anderen guten Moment bereits verpasst und bist genervt. Dann gibst du einfach auf und lässt dein Geld in der Bank, wo es der Inflation zum Opfer fällt.

Wenn du dich fragst, wann du investieren sollst, zerstörst du den Sinn der Frage, denn an ihrem Ende steht die Investition und an deinem Ende die Aufgabe.

Frag dich also nicht, wann der beste Moment für dich ist, anzufangen. Leg einfach los. Jeden Moment, den du verstreichen lässt, machst du kein Geld, sondern du verlierst Kaufkraft.

Wenn du dich dann entschlossen hast, zu investieren, kommt die nächste Preisfrage: Wann sollst du aussteigen? Auch diese Antwort macht keinen Sinn. Lass dein Geld so lange in dem ETF, wie du es dir leisten kannst. Jeden Tag, denn es darin verbringt, macht es mehr Geld für dich. Zieh es nur heraus, wenn du es brauchst, nicht vorher.

Das Investieren in Aktien ist kein Sprint, sondern ein Marathon. Je länger du dabei bist, in Jahren und Jahrzehnten gerechnet, desto mehr lohnt es sich für dich und desto weniger Risiko trägst du dabei.

Wenn du dich absolut unsicher hinsichtlich des richtigen Zeitpunktes fühlst, liefern dir ETFs eine super

Alternative. Behandle sie wie ein Bankkonto. Zahle im Rahmen eines sogenannten Sparplanes jeden Monat eine kleine Summe ein und zieh dein Geld dann ab, wenn du es für etwas Großes benötigst. Dann brauchst du dich überhaupt nicht um den richtigen Moment zu kümmern, denn du bist in jedem Moment dabei.

In einen ETF investieren

Hast du deine Hausaufgaben gemacht und dich für eine Investition in ETFs entschieden, kommt nun die große Frage nach dem „Wie“ auf. Diese Frage macht auf jeden Fall Sinn, denn sie weist dir für dein Vorgehen den richtigen Weg. Für die Investition in einen ETF gibt es drei Schritte, die du nacheinander abarbeiten musst:

- Finde den ETF, der zu dir passt
- Eröffne ein Depot bei einem online Händler
- Kaufe die Anteile oder richte einen Sparplan ein

Finde den ETF, der zu dir passt

Der ETF, in den du investieren möchtest, muss dem entsprechen, was du suchst, dabei musst du auf die folgenden Punkte achten:

- Wie hoch ist deine Risikobereitschaft
- In welchen Bereich möchtest du investieren
- Ist ein Sparplan möglich
- Ist der ETF ausschüttend oder wiederanlegend
- Wie hoch sind die Kosten
- Wie groß ist das Volumen

Wie hoch ist deine Risikobereitschaft

Nun sind ETFs im Allgemeinen nicht so riskant, doch es gibt auch hier Unterschiede. Sichere ETFs bilden den Referenzindex 1 zu 1 ab. Damit hast du zwar mehr

Sicherheit, doch du kannst auch nicht eine größere Rendite als die des Referenzindex erhalten. Wenn du dagegen einen ETF auswählst, der nach dem Prinzip des Optimized Samplings arbeitet, kannst du etwas mehr Rendite erhalten. Damit ist aber auch ein größeres Risiko verbunden, denn der Aktienbesitz wird nicht gleichmäßig gestreut. Einige Unternehmen werden bevorzugt, was zu mehr Rendite führt. Ihr Ausfall kann dann aber auch einen größeren Ausfall für den ETF und damit deine Investition bringen.

Weiterhin ist ein synthetischer ETF sicherer als ein physischer ETF. Bei einem synthetischen ETF wird eine bestimmte Wertentwicklung durch die Depotbank garantiert. Damit kann hier keine zu große negative Entwicklung einwirken, zugleich kann sich der ETF auch nicht über diese Garantie hinaus entwickeln. Wenn die

Aktien sich nämlich besser als erwartet verhalten, streicht die Bank die Differenz für sich ein.

Wenn du also ein kleines Risiko möchtest, dann investiere in einen synthetischen, 1 zu 1 abbildenden ETF. Wenn du dagegen zu mehr Risiko bereit bist, such dir einen physischen ETF mit dem Optimized Sampling Prinzip.

In welchen Bereich möchtest du investieren

ETFs bilden die Indizes ab. Wenn du dich anfängst, mit den Indizes zu befassen, wirst du sehen, dass du eine gigantische Auswahl hast. So gibt es Indizes für einzelne Staaten, einzelne Branchen, Kontinente und die ganze Welt. Du kannst mit dem MSCI Europe in die gesamte Wirtschaft Europas einsteigen. Mit dem MSCI Emerging Markets kannst du in die Wirtschaft der Schwellenländer investieren. Über den MSCI World investierst du in die Wirtschaft der gesamten Welt.

Sieh dich bei den Indizes um und finde das Land, die Branche oder die Region, die dir am Herzen liegt oder bei der du dich ein wenig auskennst. Du musst es auch nicht unbedingt bei einem ETF belassen. Sparpläne erlauben es dir, dich schon mit sehr wenig Geld einzubringen. Mit zwei davon kannst du auch in zwei ETFs investieren.

Zwei ETFs streuen das Risiko noch mehr. So kannst du mit einem ETF, der dem DAX folgt, in Deutschland investieren. Mit dem zweiten ETFs gehst du dann in die ganze Welt, die USA oder die Schwellenländer.

Ist ein Sparplan möglich

Nun hängt es von dir ab, wie du dein Geld anlegen möchtest. Als Erbe oder Gewinner einer Lotterie möchtest du es wahrscheinlich in einer Einmalsumme einbringen. Das ist für die meisten ETFs kein Problem.

Wenn du dagegen einen Job hast oder eine selbstständige Arbeit und von deinem Einkommen sparst, ist ein Sparplan deine Variante. Damit kannst du jeden Tag einen kleinen Teil deines Einkommens einbringen und damit nach und nach ein Vermögen aufbauen.

In einen ETF steigst du über ein Depot bei einer Bank oder einem online Händler ein. Nun kannst du dir einige ETFs im Internet aussuchen, die für dich in Frage kommen. Wenn du dann dein Depot eröffnest, kannst du den ETF über eine Indexnummer darin finden. Dort siehst du dann auch, ob ein Sparplan möglich ist.

Als besonderen Leckerbissen solltest du auf Aktionen achten. Viele Händler bieten es dir an, in bestimmte ETFs ohne Gebühren für dein Depot zu investieren. Solche Angebote beziehen sich nicht auf bestimmte ETFs und nur für eine begrenzte Zeit. In dieser Zeit kannst du aber mit einem Sparplan einsteigen. Danach hast du die Wahl. Du kannst ein zweites Depot bei einem Händler eröffnen, der den gleichen ETF im Angebot hat. Alternativ kannst du dir einen anderen ETF bei deinem Händler suchen, der dann im Angebot ist.

Ist der ETF ausschüttend oder wiederanlegend

Je nachdem, ob du dir ein Vermögen aufbauen oder ein Einkommen verschaffen möchtest, musst du hier den richtigen ETF auswählen. Ein ausschüttender ETF gibt die Dividendenzahlungen der Unternehmen für die Aktien im Fonds an dich weiter. Ein wiederanlegender ETF dagegen investiert diese Zahlungen direkt wieder. Möchtest du dir ein Vermögen aufbauen, ist der wiederanlegende ETF richtig für dich. Möchtest du dir ein Einkommen verschaffen, dann halte dich an einen ausschüttenden ETF.

Wie hoch sind die Kosten

Für einen ETF werden an sich nur geringe Gebühren erhoben. Dennoch lohnt es sich hier, zu vergleichen. Vergiss nicht, dass sich alle Kosten negativ auf deine Nettorendite, also dem Gewinn, denn du tatsächlich ausgezahlt bekommst, auswirken. Je geringer die Kosten, desto besser.

Bei dem Vergleich wirst du wahrscheinlich zuerst in die TER schauen und das ist auch OK. Die TER zeigt dir alle fixen Kosten, die sich im Vorhinein berechnen lassen. Vergleiche jedoch auch die TD. Einige ETFs haben bessere Konditionen mit ihren Depotbanken vereinbart. Sie bezahlen weniger Transaktionskosten, was sich in einer geringeren TD ausdrückt. Manchmal ist es sogar besser, eine höhere TER zu akzeptieren, wenn dafür die TD niedriger ist.

Wie hoch ist das Volumen

Die Investition in einen ETF ist eine Langzeitangelegenheit. Damit das aber auch so funktionieren kann, sollte der ETF für eine Weile am Markt bleiben. Dabei ist es unwichtig, ober er die Herausgebergesellschaft oder die Bank wechselt. Wichtig ist nur, dass er für dich vorhanden ist und du weiter in ihn investieren kannst.

Ob ein ETF länger am Markt bleibt, lässt sich an dessen Volumen absehen. Das Volumen bezeichnet das Vermögen des ETFs in Geld und in Aktien. Ein großes Vermögen sorgt dafür, dass die Herausgebergesellschaft oder -bank an den Gebühren genug verdient. Dann wird sie ihn weiterlaufen lassen. Wenn das Volumen dagegen zu klein ist, dann sind die Einnahmen aus den Gebühren zu niedrig. Der Herausgeber wird in diesem Fall versuchen, mehr Investoren zu finden. Wenn das ohne Erfolg bleibt, dann wird der Fonds bald geschlossen.

Das Volumen findest du in den Broschüren der Finanzberater und im Internet. Es sollte bei mindestens 100 Millionen US-Dollar bzw. Euro liegen. Dann lohnt sich der Fonds und er wird weiter bestehen und du hast dein Langzeitinvestment.

Eröffne ein Depot bei einem online Händler

Aktien lassen sich nicht daheim im Schreibtisch aufbewahren. Bei den Anteilen an einem ETF sieht es ganz genauso aus. Dafür brauchst du ein Depot. Über das Depot kannst du Aktien und Anteile an Fonds kaufen und verkaufen und dort werden die Papiere für dich aufbewahrt.

Ein Depot kannst du auf zwei Arten eröffnen. Das erste ist ein Musterdepot und das zweite ist ein vollwertiges Depot. Ein Musterdepot ist kostenlos. Dort kannst du dann Aktien kaufen und verkaufen, ohne dass diese Handlungen wirklich vorgenommen werden. Es wird kein Geld dafür eingesetzt und alles, was du bekommst, ist Erfahrung. Das ist jedoch ein wichtiger Schritt, denn du lernst, dein Depot zu benutzen und du kannst dich an der Börse üben, ohne dabei ein Risiko einzugehen.

Ein vollwertiges Depot verhält sich wie ein Musterdepot. Der Unterschied ist jedoch, dass du hier wirklich mit deinem Geld Wertpapiere und Anteile kaufst. Das erlaubt es dir, deine Erfahrung mit dem Musterdepot hier einzusetzen, wenn du nun mit echtem Geld investierst.

Depots lassen sich bei Banken und bei online Händlern eröffnen. Du kannst zum Beispiel einfach zu deiner Hausbank gehen und dir dort ein Depot einrichten. Dann kannst du über dieses Depot Aktien bzw. die Anteile an deinem ETF kaufen. Das hat jedoch einige große Nachteile. Depots in Banken kosten Geld für die Eröffnung und für die Verwaltung. Darum ist davon abzuraten.

Einfacher ist es, ein Depot bei einem online Händler zu eröffnen. Dort geht das kostenlos. Du bezahlst auch nur für die Transfers, sprich, den Kauf und Verkauf der Aktien und Anteile. Du bezahlst nichts für das Aufbewahren oder die Verwaltung. Über die Jahre rechnet sich das erheblich. Daher solltest du diese Variante wählen.

Online Händler haben den weiteren Vorteil, dass du dort jederzeit deine Aufträge in das Depot eingeben kannst. Diese können zwar nicht immer umgesetzt werden, denn es gibt einen Börsentag, doch du bist zumindest in der Lage, deine Transaktionen zu jeder Zeit festzulegen.

Kaufe die Anteile oder richte einen Sparplan ein

Je nachdem, ob du viel Geld herumliegen hast oder von deinem Einkommen sparst, kannst du nun mit einer einzigen, großen Summe einsteigen oder einem Sparplan. Natürlich geht auch beides. Wenn du schon tüchtig gespart hast, kannst du damit über eine Einmalsumme einsteigen und danach noch einen Sparplan von deinem Einkommen eingeben.

Mit einer Einmalsumme

Der Kauf mit einer Einmalsumme ist erschreckend unspektakulär. Eröffne dein Depot. Suche dir unter den vielen Angeboten den ETF aus, der dir nach den oben genannten Kriterien am meisten entspricht. Sobald du ihn gefunden hast, such dir die ISIN oder die WKN heraus. Die ISIN ist die Identifikationsnummer und die WKN die Kennnummer. Geh nun in dein Depot. Klick auf die Suchmaske und gib eine der Nummern ein. Dein ETF wird nun erscheinen.

Sobald du den ETF gefunden hast, kannst du auf ihm einige Einstellungen vornehmen. Wähle die einmalige Summe und gib den Betrag ein, den du investieren möchtest. Dann klick auf „ausführen" und schon werden die Anteile in deinem Nahmen gekauft. Du kannst diese Eingaben an jedem Tag, auch einem Sonntag, vornehmen. Sie werden jedoch erst an einem Werktag während des Börsentages ausgeführt. Es kann also etwas dauern, bis du deine Anteile in deinem Depot hast.

Mit einem Sparplan

Mit einem Sparplan einzusteigen, ist schon ein wenig komplizierter und erlaubt dir auch, viel mehr Einstellungen vorzunehmen. Der große Vorteil eines Sparplans ist es, dass du nun langsam und automatisch Anteile an dem ETF deiner Wahl kaufst. Das kann jeden Monat oder alle drei Monate geschehen. Was ist der Unterschied? Wenn es eine Mindestsumme für die Gebühren gibt, dann ist es besser, dein Geld erst einmal für drei Monate zu sparen und dann die Anteile zu kaufen. So bezahlst du den Mindestbetrag nur einmal für die drei Monate.

Rechne für dich damit, dass dein Sparplan mindestens 10 bis 15 Jahre laufen sollte, damit er sich für dich lohnt. Wenn du aber genug Geduld hast, wirst du ein Mehrfaches dessen erhalten, was du eingezahlt hast.

Wie zuvor bei der Investition mit einer Einmalsummer suchst du dir erst einmal den ETF heraus, in den du investieren möchtest. Sobald du ihn gefunden hast, suchst du ihn in der Suchmaske deines Depots mit der Identifikationsnummer ISIN oder Kennnummer WKN.

Wenn du nun auf Sparplan klickst, kannst du die einzelnen Werte eingeben. Das beginnt damit, ob du nun vierteljährig oder monatlich Anteile kaufst. Dann legst du fest, welche Summe dabei jeweils investiert werden soll. Dann gibst du deine Zahlungsinformationen ein.

Das Beste mit einem solchen Sparplan ist, dass du damit absolute Flexibilität hast. Sobald du alles festgelegt hast, klickst du auf ausführen. Mit den eingestellten Daten werden nun zu den jeweiligen Tagen Anteile an deinem Wunsch-ETF gekauft.

Nun kann es sein, dass du eine Gehaltserhöhung bekommst. Du möchtest von diesem Moment an mehr sparen. Kein Problem. Geh auf dein Depot, ruf den Sparplan auf und leg die neue Summe fest. Wenn du umgedreht feststellst, dass du mehr Geld für dich brauchst, weil zum Beispiel ein Kind unterwegs ist, dann verringerst du deine Investitionssumme ganz einfach.

Nun kann es jedem mal geschehen, dass er für einen Monat nicht zahlen kann. Auch das ist kein Problem. Geh einfach auf dein Depot. Ruf den Sparplan auf. Dort klickst du nun den „pausieren“ Button und schon bleibt dein Sparplan erhalten, wird aber ausgesetzt. Wenn du dir die Zahlungen wieder leisten kannst, klickst du dann auf „fortsetzen“.

Es kann aber auch sein, dass der gesamte Sparplan nichts mehr für dich ist. In diesem Fall gehst du auch wieder auf dein Depot und rufst ihn auf. Dann klickst du einfach auf löschen und schon ist der Sparplan verschwunden.

Umgedreht ist der ETF eine flexible Anlage. Du kannst die Anteile, die du gekauft hast, halten, teilweise oder komplett verkaufen. Das hängt einfach davon ab, wie viel Geld du gerade brauchst. Das ist unabhängig davon, ob dein Sparplan läuft oder nicht. Der Sparplan kauft die Aktien, doch du hältst sie, bis du sie verkaufst.

In 14 Tagen zum Spezialisten

Jetzt hast du vielleicht noch nicht so viel Ahnung vom Aktienmarkt. Du möchtest in ETFs investieren, doch du möchtest mehr darüber wissen und ein Spezialist dafür werden. Das ist ein guter Vorsatz und es ist gar nicht so schwer, denn es geht nur um einen kleinen Teil der Börse. Dieser Teil besteht einfach nur aus den ETFs. Damit kannst du die Aktien selbst und all die tollen Finanzprodukte außen vorlassen, die dich nur ablenken würden.

Schritt 1 – Wissen ist Macht

Jetzt hast du hier schon eine Menge zum Thema ETF gelernt. Das Problem ist jedoch, dass dies nur ein Buch und nur meine Sichtweise ist. Du solltest dich für eine

Investition nie auf nur eine Person bzw. nur eine Quelle verlassen. Damit du nun in 14 Tagen zum Börsenspezialisten wirst, solltest du dir so viel Wissen zum Thema ETF aneignen, wie nur möglich.

Geh ins Internet, nutze Google, schau in Blogs und Foren. Lerne alles Aktuelle, was ein Buch nicht erfassen kann. Ergänze alles, was du hier gelernt hast und verifiziere, ob alles der Wahrheit entspricht. Je mehr du weißt, desto besser stehen deine Chancen auf einen Erfolg.

Schritt 2 – Übung macht den Meister

Eröffne ein Musterdepot. Du kannst nun kostenlos und ohne Risiko dein Wissen in der Praxis testen. Kaufe mit dem Musterdepot, also ohne Geld und echten Transaktionen, Anteile an ETFs, die dir gefallen können. Lerne, wie die Bedienoberfläche des Depots funktioniert.

Wage dich an verschiedene Indizes und an verschiedene ETFs heran, die diese Indizes abbilden. Kaufe ruhig die Anteile von 4 oder 5 ETFs zugleich. Vergiss nicht, es ist ein Musterdepot.

Schau dir die Performance deiner ETFs in der Vergangenheit an. Schau, ob sie tüchtig gestiegen sind und dir das gebracht hätten, was du wolltest. Pick dir die ETFs heraus, die sich für dich am besten entwickelt haben.

Schritt 3 – Teste dich selbst

Sobald du dich mit mehreren ETFs angefreundet und den gefunden hast, der dir am meisten gefällt, wird es Zeit, sich auf diesen zu konzentrieren. Halte ihn so, wie du es in der Realität tun würdest. Teste dein Wissen und dein Können. Wenn du mit dir zufrieden bist, dann kannst du den nächsten Schritt wagen. Wenn nicht, dann wiederhole den ersten und zweiten Schritt und finde heraus, was schiefgelaufen ist.

Schritt 4 – Bestätige dein Wissen

Wenn alles gutgelaufen ist, wird es Zeit, dein Wissen zu bestätigen, indem du nun genau das Falsche machst. Das wird dich dann später, wenn es um echtes Geld geht, von falschen Entscheidungen abhalten. Tu alles, was dir nicht empfohlen wurde. Wechsel die ETFs, halte sie nur für kurze Zeit und entdecke, welche Kosten dir entstehen. Vergleiche das Ganze auch mal mit den Kosten, die dir bei einer Bank entstünden. Sobald du gesehen hast, was dich Fehler kosten können, wirst du mehr Vertrauen in die richtigen Vorgehensweisen haben.

Schritt 5 – Die Umsetzung

Jetzt ist es Tag 15. Jetzt wird es Zeit, ein echtes Depot zu eröffnen. Gib deinen Sparplan für deinen ETF oder die Einmalsumme dafür ein. Hol dir die Anteile und dann halte sie. Lies dich weiter in das Thema ein und bleib am Ball. Kümmere dich nicht um die vielen Aufs und Abs auf dem Aktienmarkt und lass die Zeit verstreichen. Du wirst deinen Gewinn machen.

Schlusswort

ETFs sind die gefundenen Geldanlagen. Sie bringen dir die Rendite eines ganzen Marktes. Ein Blick in die Vergangenheit genügt, um zu sehen, dass die Märkte immer nur nach oben gehen. Darüber hinaus sind sie sicher, denn während Unternehmen verschwinden können, bleiben Märkte bestehen.

ETFs sind transparent. Sie bilden einen Index ab und du kannst dir diesen Index und den ETF ansehen. Damit weißt du, wie die Investition heute und in den nächsten Jahren aussieht. Das macht es dir leicht, dich für den richtigen ETF zu entscheiden.

ETFs streuen deinen Aktienbesitz. Anstatt Aktien verschiedener Unternehmen nacheinander zu kaufen, steigst du direkt mit dem ETF in dutzende, wenn nicht hunderte Positionen ein. Damit kannst du mit wenig Zeit und wenig Aufwand dein Risiko absolut minimieren.

ETFs erlauben den Einsatz von Sparplänen. Damit kannst du schon mit kleinen, monatlichen Summen einsteigen. Das ist perfekt, wenn du über ein laufendes Einkommen verfügst und damit ein Vermögen aufbauen möchtest.

Über online Händler ist es kinderleicht, Anteile an einem ETF zu erwerben bzw. einen Sparplan einzustellen. Das geht bequem von daheim und dazu noch rund um die Uhr. Ein Sparplan ist darüber hinaus auch noch unheimlich flexibel. Er kann angehalten, geändert oder gelöscht werden. Die Anteile lassen sich halten oder verkaufen. Damit ist er perfekt für das einfache Sparen oder als Altersvorsorge.

Wenn du dich auf ETFs konzentrierst, ist es relativ einfach, in kurzer Zeit zu einem Spezialisten zu werden.

Das liegt einfach daran, dass sie so transparent und unkompliziert sind. Jetzt ist es an dir, das Gelernte entsprechend umzusetzen. Viel Spaß und vor allem viel Erfolg dabei!

Haftungsausschluss

Dieses Buch enthält Meinungen und Ideen des Autors / der Autorin und hat die Absicht, Menschen hilfreiches und informatives Wissen zu vermitteln. Die enthaltenen Strategien passen möglicherweise nicht zu jedem Leser, und es gibt keine Garantie dafür, dass sie auch wirklich bei jedem funktionieren. Die Benutzung dieses Buchs und die Umsetzung der darin enthaltenden Informationen erfolgt ausdrücklich auf eigenes Risiko. Haftungsansprüche gegen den Autor für Schäden materieller oder ideeller Art, die durch die Nutzung oder Nichtnutzung der Informationen bzw. durch die Nutzung fehlerhafter und/oder unvollständiger Informationen verursacht wurden, sind ausdrücklich ausgeschlossen. Das Werk, inklusive aller Inhalte, gewährt keine Garantie oder Gewähr für Aktualität, Korrektheit, Vollständigkeit und Qualität der bereitgestellten Informationen. Druckfehler und Fehlinformationen können nicht vollständig ausgeschlossen werden.

Impressum: ZP Digital Mihail Kogalniceanu 66 of.3 MD-2009 Chişinău Moldova,

zpdigital@yahoo.com

Printed in Poland
by Amazon Fulfillment
Poland Sp. z o.o., Wrocław

75928268R00059